48

b 119.

COUP-D'ŒIL

SUR LES ERREURS

DU PEUPLE FRANÇAIS

ET LES CRIMES DES FACTIEUX

QUI L'ONT GOUVERNÉ.

Par J. DIACON,

A PARIS,

Chez DELAUNAY, Libraire, Palais-Royal,
2.ᵉᵐᵉ Galerie de bois, N°. 243.

JUILLET 1815.

IMPRIMERIE DE DOUBLET.

COUP-D'ŒIL

SUR LES ERREURS

DU PEUPLE FRANÇAIS

ET LES CRIMES DES FACTIEUX

QUI L'ONT GOUVERNÉ.

Après les désastres qui suivirent la retraite de Moscou, après les calamités qui succédèrent aux défaites de Leipzick et de Vittoria, la France, sauvée d'un péril imminent, par la générosité des Alliés, qui lui avaient rendu son Roi, commençait à jouir des douceurs de la paix, lorsque Bonaparte revint porter le trouble et la désolation dans toutes les provinces !

Le Roi ne devait ni prévoir, ni craindre un attentat inoui, qui fut conçu, entrepris et exécuté par des perfides qui lui avaient juré fidélité! Sa grande ame était loin de soupçonner qu'elle eût jamais à se repentir de sa clémence : aussi le trône de Henri IV fut-il envahi une seconde fois par l'usurpateur que la majorité de la France abhorre et que l'Europe réprouve!

Les complots du tyran furent favorisés par les satellites de ses crimes : au mépris de leurs sermens, ils ont trahi leur Roi, ils ont mis la France en feu, et de toute part le sang a coulé, pour assouvir leur ambition et leurs vengeances!

Désirons, espérons que bientôt les lois feront justice des traitres qui ont osé violer la foi jurée, qui ont outragé la majesté du Souverain légitime et dont les fureurs ont encore déchiré le sein de la Patrie!

Que les factieux se taisent, et que les sujets fidèles au Roi se fassent entendre! Vingt-cinq années de discordes, d'anarchie, de guerre, de fureur, de désolation et de crimes doivent avoir assouvi la haine de tous les partis, qui se sont successivement emparés du pouvoir suprême, et qui ont désolé, ravagé et ensanglanté la France et l'Europe. Assez, trop de sang a coulé! il est temps d'en arrêter l'effusion ou de ne répandre que celui des forcenés qui veulent encore en verser! Il est temps enfin que la paix succède à la guerre, et que les hommes qui ont survécu aux désastres de la révolution, puissent terminer tranquillement leurs jours, incessamment menacés par des rebelles!

S'il existe encore des furieux, pour lesquels

les douceurs de la paix soient un supplice, et dont le cœur corrompu aspire à renouveler les horreurs de la guerre, qu'ils s'expatrient, qu'ils fuyent l'Europe et qu'ils aillent porter leur rage et leur affreuse célébrité sur ces plages américaines où dominent de féroces Affricains. Puisqu'ils sont insatiables de sang, qu'ils versent celui des révoltés! qu'ils s'en abreuvent! qu'ils règnent ou qu'ils meurent dans ces climats brûlants qui semblent destinés à leurs nouveaux triomphes et à leur sépulture!

Mais que les hommes vertueux, qui chérissent leur Roi légitime, qui veulent vivre sous ses lois, qui, depuis long-temps, font des vœux sincères pour obtenir la paix et le bonheur dont ils sont privés, puissent enfin parvenir au but auquel ils cherchent vainement d'atteindre, depuis l'usurpation du tyran de la France, du dévastateur de l'Europe, du fléau de l'humanité, de Bonaparte!

Jetons un regard sur les scènes d'horreur qui ont ravagé la France depuis vingt-cinq ans, et reconnoissons qu'il n'existe d'autre moyen d'échapper à la tempête révolutionnaire, que celui de nous rallier au panache de Henri IV et de servir fidèlement le bon Roi que la Providence vient de nous rendre.

Ne sont-ils plus présens à notre pensée, ces

temps d'exécrable mémoire, où le vaisseau de
l'Etat, agité par les dissentions civiles, voguoit
dans des flots de sang, sur la mer orageuse des
factions et se brisoit sans cesse contre l'écueil du
crime? Avons-nous oublié ces époques épouvan-
tables, où les victimes, tombant sous le fer ai-
guisé par les sycophantes, périssaient par milliers
sur les échafauds, fatiguaient la hache des bourreaux et encombraient la terre de leurs cadavres!
Ne nous souvenons-nous plus de ces holocaustes
républicains, où des forcenés sacrifiaient sans
pitié les malheureux qui refusaient de brûler
l'encens du crime sur l'autel de la liberté! Il re-
tentit encore à notre oreille, le bruit infernal de
ces canons homicides qui massacraient à Lyon ,
à Nantes et à Marseille, les vieillards, les femmes
et les enfans qui déplaisaient aux proconsuls ré-
gicides qui avaient juré d'ensevelir les Français
sous les ruines de leur patrie! Les prisons de
Paris , les glacières d'Avignon , les eaux du
Rhône et de la Loire attesteront à la postérité
les crimes de ces infâmes tyrans, qui proscri-
vaient les Rois en même-temps qu'ils assassinè-
rent Louis XVI, incendiaient les châteaux, rava-
geaient les chaumières, noyaient, mitraillaient
les Français et régnaient avec délices sur la France
qui tombait de toutes parts, au bruit des vocifé-
rations des proscripteurs, des gémissemens de

l’innocence et des hurlemens des bourreaux !
Toutes ces horreurs, que je ne puis tracer qu’im-
parfaitement, ne sont qu’une foible esquisse
des atrocités dont nous avons été les témoins ou
les victimes; mais qui ne peuvent être exprimées
que par une plume plus énergique que la mienne.

Hélas! c’était au nom de la vertu que le crime
triomphait! On invoquait la Divinité, on procla-
mait la liberté, on prêchait la paix et la tolérance,
et partout on renversait les autels, on égorgeait
les prêtres, on forgeait de nouvelles chaînes aux
peuples, on perpétuait la guerre, et on extermi-
nait les malheureux qui refusaient d’admirer ces
forfaits! Enfin, c’était par la terreur qu’on voulait contraindre les Français à renoncer à leur
Roi, pour adorer les bienfaits de la république!

A ces horreurs succèdèrent de nouvelles horreurs! Bonaparte parut! alors c’est encore au
nom de la Patrie que le sang français coula en
plus grande abondance, que le trésor public fut
dilapidé et la fortune particulière spoliée.

Pour affermir la puissance du tyran, alimenter
son ambition, c’est au nom de la Patrie qu’on
arrache aux Français les derniers de leurs enfans,
pour aller grossir des bataillons dévastateurs formés pour renverser des trônes et donner des
couronnes aux frères de Bonaparte; mais que
sont devenues ces armées innombrables, où sont

ces guerriers invincibles destinés à ravager la terre ? tout a péri sur des champs de bataille ; ces héros, la gloire et le fléau de la France, sont morts de fatigues, de misère et de faim , dans les déserts de l'Affrique, à Saint-Domingue, sous les murailles de Saint-Jean-d'Acre, au fond de la Calabre, aux portes de Lisbonne, dans les plaines d'Italie, dans les campagnes d'Espagne, dans les eaux de la Berezina, sur les bords de la Vistule, de l'Oder, du Danube et du Rhin ! De toutes ces illustres et sanglantes conquêtes, il ne reste aux Français que la honte de les avoir injustement entreprises et de n'avoir pu en conserver aucune ! Ces vérités sont dures à entendre : cependant il est nécessaire de les rappeler, et, pour caractériser le tyran, il faut encore en ajouter d'autres.

Bonaparte avait-il des succès ; gagnait-il des batailles, en sacrifiant beaucoup d'hommes, il était insolent et orgueilleux envers les vaincus, et ses triomphes étaient les résultats des combinaisons de son génie prédestiné ; mais s'il éprouvait quelques revers, jamais il ne s'avouait coupable des fautes qu'il avait commises et il sacrifiait avec infamie ses meilleurs officiers, à son arrogant despotisme. Le désastre était-il irréparable, il abandonnait son armée et laissait les soldats livrés aux horreurs des dangers que *lui seul* avait attirés sur eux. L'Egypte, l'Ebre, Moscou,

Leipsick et la Sambre attestent la vérité des faits que j'avance et qui d'ailleurs sont assez connus des partisans et des ennemis de l'usurpateur. Comment peut-il conserver encore des partisans? Les insensés, ou plutôt les misérables qui chantent ses forfaits et applaudissent à ses crimes, se vouent à l'exécration publique : ils ont donc entièrement perdu la raison ou tout sentiment de liberté et d'honneur, puisqu'ils s'obstinent à confondre les intérêts d'un tyran avec ceux de la Patrie ! Et quelle similitude, grand Dieu ! existe-t-il entre Bonaparte et la Patrie ! O jour de malheur, de carnage, de deuil et de désolation ! jusques à quand les Francais seront-ils les instrumens et les victimes des factieux qui les trompent et les asservissent depuis vingt-cinq ans.

Depuis que des métaphysiciens subtils se sont emparés de l'esprit du vulgaire, et qu'ils ont dénaturé les principes établis par la raison, consacrés par la morale et avérés par l'expérience, il n'est plus possible de s'entendre. Les mots ont perdu leurs véritables acceptions, les idées les plus claires sont confondues et remplacées par des sophismes ; les raisonnemens qui devraient être les plus simples, sont au contraire fondés sur des abstractions insignifiantes que le bon goût rejette, mais que la passion interprète à son gré, que l'esprit de parti désavoue ou approuve, et que jamais la raison ne peut définir. La logique n'a plus de bases; elle est entièrement révolutionnée et dans une subversion complète.

Il résulte de cette confusion, une désorganisation générale qui, au lieu de calmer les imaginations, les enflamme ; ce délire s'est emparé de toutes les classes de la société ; il exaspère les esprits qui, ne pouvant se comprendre, ni s'entendre, s'aigrissent, se combattent, et finissent par tomber dans un tourbillon de contrastes extrêmes qui produisent les révolutions et causent tant de crimes.

Il est temps enfin d'en revenir aux bases fondamentales de la morale et de la raison, et de faire cesser la crise qui résulte de nos dissentions, et dont nous sommes constamment les victimes, depuis l'époque où des factieux nous ont fait méconnaître l'autorité de nos Rois.

Depuis ce temps funeste, qu'avons-nous gagné? en sommes-nous plus vertueux , en sommes-nous plus riches et plus libres ?

A la première question, l'impartialité nous oblige de répondre que depuis 25 ans, jamais autant de sang innocent n'a coulé, soit sur 1000 échaffauds, soit dans 1000 batailles! Les crimes dont les Français se sont couverts, dans toutes les parties de l'Europe, où ils ont porté la terreur de leurs armes, prouvent assez qu'il est temps qu'ils reviennent à des principes d'une morale plus sévère.

Enfin la situation déplorable des finances de l'Etat, atteste la turpitude des brigands qui se sont emparés des rènes du Gouvernement, pour s'enrichir; et les fers dont ils ont accablé les Français, au nom de la liberté, prouvent qu'ils se sont joués de leur crédulité, pour devenir puissans aux dépens de l'indépendance nationale.

Faut-il que des désastres inouïs aient succédé à d'affreuses calamités, pour ouvrir les yeux aux Français, les ramener dans le devoir, et leur rendre le bonheur dont ils sont privés, depuis qu'ils ont perdu leurs Rois!

Puisse l'expérience des malheurs passés, les préserver de nouveaux malheurs à l'avenir; qu'ils se défient de ces fourbes qui abusent de leur crédulité pour les tromper toujours.

La multitude ignorante, qui prend constamment les effets pour la cause, se laisse séduire, entraîner par les sophismes des intriguans et des séditieux, qui s'emparent de son esprit, en fesant retentir avec emphase les noms de liberté, de patrie, de despotisme, de dîmes et de droits féodaux; c'est par ces moyens astucieux que des forcenés ont renversé le pouvoir légitime, et ont rivé les fers dont ils ont chargé les Français; ils ont répandu leur sang; il les ont accablé de misère; mais ils ont flatté leur orgueil, en leur promettant la gloire et l'indépendance ! Les perfides ! C'est ainsi qu'après avoir assassiné leur Roi, pulvérisé le trône, ils ont voulu faire l'essai de leur monstrueuse puissance, donner des lois à la France, abattre l'Angleterre, et régenter l'Europe.

Les hommes de bien, les bons Français, ont gémi des forfaits des usurpateurs; victimes de leurs spoliations, ils se plaignaient dans le silence, et versaient des larmes inutiles; mais, redoutant la vengeance des Phalaris modernes qui opprimaient, déchiraient la Patrie, ils n'osaient manifester énergiquement l'indignation qui les animait, et c'est leur pusillanimité qui perpétua leurs malheurs, et accumula sur la France et sur toute l'Europe, les calamités qui les ont ruinées !...

Pourquoi tout est-il bouleversé, confondu, et pourquoi personne n'est-il à la place que la naissance, le rang, l'éducation, et la fortune lui ont assignée ?

Vainement un sophiste révolutionnaire invoquera-t-il le progrès des lumières, vainement osera-t-il dire que la liberté et l'égalité ne connaissent aucune distance, n'admettent aucune distinction dans toutes les classes de la société, et que les hommes qui la composent, peuvent faire ce qui leur plaît, et satisfaire leurs desirs, si d'ailleurs ils obéissent aux lois, et ne font rien de ce qu'elles défendent. C'est d'après ce système dangereux que les classes les plus abjectes se livrent à la politique ; qu'elles se permettent audacieusement de discuter, de prononcer sur les droits des Souverains et des peuples ; c'est d'après des idées fausses, des connaissances inexactes, des principes erronés, que des hommes obscurs et ignorans osent décider sur les intérêts des Rois, sur le sort des Nations et sur les destinées des Empires ; les factieux poussent l'audace jusqu'à blâmer ou approuver les causes de la guerre ou les motifs de la paix, et leur fureur les entraîne au point d'oser refuser de se soumettre au Monarque appelé par la providence à les gouverner ! Cependant il faut que cet état révolutionnaire finisse ; il est indispensable de combler l'abîme que nos erreurs, nos fautes et nos crimes ont creusé ! Il faut enfin que les lois reprennent leur empire, et que tout rentre dans l'ordre ; pour atteindre ce but salutaire, il est indispensable d'abjurer nos haines, de nous réunir de cœur et d'ame au Roi qui nous est rendu, et de seconder ses efforts, pour réparer nos maux, cicatriser nos plaies, et ramener le bonheur dans la France.

Du moment où les bons Français concourront

de tous leurs moyens à affermir l'autorité royale, il en résultera pour eux des biens inéffables : le Souverain fera fleurir les Beaux-Arts ; il protégera le commerce, encouragera l'agriculture, récompensera les savans ; et fera travailler les artisans.

Des esprits superficiels ou méchans regrettent le règne de l'oppresseur. Leurs plaintes sont des blasphêmes ; et pour le prouver, je crois devoir rappeler la prospérité dont la France a joui, pendant dix mois qu'elle a été gouvernée par Louis-le-Desiré, et les maux qu'elle a éprouvés depuis le 20 mars, jusqu'à la bataille qui a terminé ignominieusement la carrière politique du tyran.

Le Roi, abandonné, trahi de l'armée, quitte sa Capitale ; et, regretté, adoré de son peuple, Sa Majesté va se réfugier chez ses fidèles Alliés. Le bonheur fuit aussitôt de la France, et la livre à de nouvelles horreurs !

Bonaparte reparaît, le mensonge, la calomnie et la guerre précèdent ses pas ; la désolation, la perfidie et la mort les suivent. La haine et les vengeances composent son cortége ; le meurtre, la violence, le pillage et l'incendie lui servent d'escorte ; des sacriléges l'amènent en triomphe, au milieu des ténèbres, dans le palais de nos Rois.

Les anciens sicaires du tyran , forment de nouveau son conseil; ses affidés sont placés dans les ministères, dans les administrations, tous les chefs sont changés dans l'armée, et la France était perdue, sans la fidélité d'un homme d'Etat célèbre, qui prit la ferme résolution de la sauver ou de périr.

Les proscriptions, l'exil et la spoliation reprennent leur empire. Des projets insensés, des complots perfides sont formés, et les brandons de la guerre civile sont allumés dans l'ouest et dans le midi; l'intérieur fermente et le nord est menacé. Le système de la dévorante conscription est rétabli, et toutes les atrocités qui accompagnent son odieuse exécution, sont remises en vigueur; des garnisaires sont établis, et des taxes sont imposées; il faut que la veuve fournisse son dernier fils ou donne son dernier écu, et souvent on lui arrache l'un et des vampires lui ravissent l'autre; sous prétexte de lever des gardes nationales, et de compléter l'armée, on enlève impitoyablement et l'homme âgé, et infirme, et l'adolescent; les congés absolus, accordés par la bonté paternelle du Roi, sont révoqués; des milliers de Français, indispensables à l'existence de leurs familles, nécessaires au commerce, à l'agriculture, sont arrachés de leurs foyers. Pour assouvir sa rage et son ambition , Bonaparte les a dévolus à la mort ; et par les actes arbitraires et la basse complaisance de ses agens ministériels , ils sont forcés d'aller grossir des bataillons formés à la hâte , et destinés à combattre les Alliés du Souverain légitime. Des impôts excessifs , des réquisitions immodérées pèsent sur les propriétaires , sur les agriculteurs et sur les artisans. Des dépenses incalculables résultent des projets insensés conçus par le tyran et ses satellites. La fortune publique est dilapidée , et les trésors de l'État sont prodigués pour récompenser la bassesse , le parjure et l'infamie.

Enfin , après trois mois de tyrannie , l'usurpateur sacrifie l'élite de son armée ; il abandonne le reste , et vient se réfugier dans la Capitale , où il trouve encore des flatteurs qui louent sa lâcheté et des courtisans qui osent rendre hommage à ses crimes ! Les lois qui l'ont condamné au supplice , restent muettes , en attendant que des juges intègres prononcent son arrêt , et le fassent exécuter !

Ainsi , pour ressaisir un sceptre brisé dans ses criminelles mains , pour remettre sur sa coupable tête , une couronne teinte du sang de l'infortuné Louis XVI , pour remonter sur le trône des Bourbons , Bonaparte , l'exécrable Bonaparte , quitte son repaire , traverse la méditerranée, aborde témérairement la terre qui l'a proscrit, et marche avec audace à de nouveaux forfaits!...... Le tyran espère encore reprendre sa puissance, et se livrer à l'intensité de sa fureur ! Comme il ne craint pas l'opprobre, il affronte les dangers, et, dût-il encore encourir l'infamie, il survivra aux coups du sort, s'ils lui sont contraires !

Le supplice attend l'usurpateur, si les Français sont fidèles à leurs sermens; mais le Roi est trahi ! *Labedoyère et les siens* abandonnent les drapeaux de l'honneur, et vont se ranger sous l'étendart du crime !

Les chefs de l'armée, méconnaissant l'autorité légitime, oubliant les bienfaits du Roi, et se vouant à l'infamie, sont les premiers infectés de la contagion qui doit rallumer la guerre en Europe, ravager la France, et faire périr des milliers d'hommes !

Les généraux, les officiers et les soldats arborent simultanément, sans honte et sans remords, les signes de la révolte !

Honneur aux militaires fidèles, aux Français dévoués qui ont affronté les dangers et la mort, pour partager l'infortune et le triomphe de leur Roi !

L'usurpateur avance : à mesure qu'il fait des progrès, les traîtres, les parjures se multiplient !

Lyon se livre, alors la défection est complète! Cependant Marseille résiste, Bordeaux ne se laisse pas séduire, Montpellier est fidèle, la Normandie, la Bretagne, la Picardie et l'Artois suivent son exemple; Paris gémit, mais Paris succombe! ô crime! les jours du Roi sont en danger, son illustre famille est menacée! Il faut fuir, il faut abandonner la Capitale, et livrer encore une fois la France aux forcenés qui ont juré sa destruction!

La Nation qui commençait à jouir des bienfaits de la paix, est soudainement replongée dans les alarmes!

Les ordonnances du Roi sont révoquées avec mépris, et les blessures que sa Majesté avait fermées, qu'elle voulait cicatriser, sont inhumainement rouvertes et saignent en plus grande abondance!

Les peuples opprimés, sont regardés par les délégués du tyran, comme de vils troupeaux, destinés à lui servir de nourriture, et dès-lors, ils gémissent sous le despotisme le plus odieux!

Sur tous les points du Royaume le bruit de la guerre se fait entendre! Par d'insidieux mensonges, des félons calomnient les intentions du Roi, et se révoltent contre sa Majesté! Les traitres organisent la sédition! Ils carressent, ils flattent et égarent la multitude toujours avide d'événe-

mens extraordinaires et de révolutions ! Les im-
posteurs exagèrent nos ressources , nos moyens
d'attaque et de défense; ils dissimulent notre fai-
blesse et cachent les côtés vulnérables, où l'en-
nemi peut nous frapper mortellement! ils veulent
nous prouver, ils prétendent convaincre l'Europe,
que les Français, spontanément armés , ont ras-
semblé un million de combattans! Que tous sont
rébelles à l'honneur, à la patrie et au Roi, et
que la France entière veut être dévorée, pour
satisfaire l'ambition et les implacables vengeances
de l'usurpateur !

Mais enfin la vérité se fait entendre, et pro-
clame la défaite de Bonaparte, malgré les chants
de victoire et le canon d'allégresse qu'il fait retentir dans Paris!

A peine le tyran a-t-il attaqué, qu'au même
instant les phalanges européennes s'ébranlent, et
dans leur course rapide, elles frappent comme la
foudre !

L'Espagnol irrité pénètre dans les Pyrénées !
les Alpes sont envahies par les Autrichiens qui
marchent sur Lyon! les Piémontais attaquent la
Provence et se dirigent sur le Dauphiné ! les
Suisses menacent la Franche-Comté! l'Alsace et
la Lorraine ne peuvent résister à l'impétuosité
des Russes ! les Anglais , les Prussiens et les Bava-
rois triomphent dans les provinces du Nord ! le

fer et la flamme à la main, les vainqueurs et
les vaincus portent partout la mort et la destruction ! la chaumière du pauvre est pillée comme
le palais du riche ! des villes opulentes sont ré-
duites en cendre ! les moissons foulées par d'innombrables armées, sont entièrement détruites,
la terre est abreuvée de sang et les champs ra-
vagés, sont couverts de lambeaux, de blessés et
de cadavres !

Bonaparte fuit à travers l'incendie qu'il a al-
lumée et, marchant sur des ruines et dans des
ruisseaux de sang, il revient, plein d'orgueil et de
rage, redemander à la Nation épuisée, 200 mille
hommes et 200 millions, pour réparer son nouveau desastre et recommencer la guerre !

La France vaincue tombe une seconde fois sous
les coups des armées victorieuses des Alliés de
son Roi ; elle est envahie de toutes parts, et sa
capitale attend dans les alarmes, l'arrêt qui doit
décider de son sort !

La valeur, l'héroisme des Français ne peuvent
triompher des nombreuses armées qui les ac-
cablent ! il semble que la justice divine ait voulu,
par ce désastre affreux, punir le parjure et raf-
fermir sur des bases impérissables, le trône du
fils de Saint Louis.

Les débris de nos malheureuses armées fuient
devant leurs vainqueurs et, livrés à la terreur

qui les a dispersés dans les champs de Fleurus, ils viennent se rallier sous les murs de Paris.

Paris ! ô ville superbe ! si ton Roi ne fut accouru pour te sauver, tes destinés étaient accomplies ! oui, si le sort des combats eût encore été tenté, tu périssais infailliblement ! tes citoyens, sans distinction de sexe, ni d'âge, ni d'état, ni d'opinions, eussent été égorgés ! tes trésors auraient été pillés, tes palais détruits et tes monumens réduits en poudre ! oui ! sans ton Roi, tu n'existerais plus, et peut - être qu'à l'instant où j'écris, le fer sillonnerait la terre sur laquelle les Gaulois ont jeté tes fondemens !

Bonaparte, l'auteur des calamités qui désolent l'Europe et plongent les Français dans la misère, Bonaparte qui s'est baigné dans le sang des peuples, qui les a ruinés pour satisfaire son insatiable ambition et enrichir ses courtisans, Bonaparte qui a porté l'horreur de son nom dans les quatre parties du globe, qui a ravagé, ensanglanté la terre, qui a commis tous les crimes et qui n'a pas su mourir, trouve encore des misérables qui osent vanter son génie, louer sa vaillance, admirer sa sagesse et chanter ses exploits !...

Louis le Desiré, le père du peuple, l'amour des bons Français, Louis qui n'aspire qu'à rendre la France heureuse, et qui fait tous ses efforts pour lui procurer la paix, l'abondance et le bon-

heur, Louis qui veut oublier les erreurs de ses
enfans égarés, qui desire les ramener à la vertu,
qui vient essuyer leurs larmes, en tarir la source,
cicatriser les blessures que l'usurpateur a faites à
la patrie, Louis trouve encore des monstres en-
durcis dans les forfaits, qui veulent attaquer sa
puissance, conspirer contre sa vie et qui prétendent disposer de son trône !

— Ainsi, pour se faire aimer, adorer des peuples,
il faut donc les tyranniser, les accabler d'impôts,
perpétuer des guerres iniques, faire périr des
millions d'hommes et se baigner dans leur sang !

Non, les Français veulent la paix et, désormais,
soumis à l'autorité paternelle des Bourbons, ils
vont se réunir pour seconder les efforts de leur
Roi ! par un dévouement unanime, ils parvien-
dront au but qu'ils prétendaient vainement d'atteindre, s'ils restaient divisés, et leurs dissentions
amèneraient nécessairement la ruine et le par-
tage de l'antique France.

Mais déjà l'aurore des beaux jours commence
à renaître ! Bourbon est remonté sur son trône,
la joie du peuple se manifeste avec ivresse, et les
airs retentissent des acclamations des sujets fidèles,
qui ne cessent de faire entendre le cri national
de VIVE LE ROI !

L'armée est rentrée dans le chemin de l'honneur : elle a reconnu l'énormité de son crime et

les traîtres qui l'ont entraîné à la sédition sont signalés à la vengeance des lois !

Français égarés, revenez tous de vos erreurs, imitez l'obéissance de l'armée ; elle n'a pas imploré vainement la clémence du Monarque chéri. Louis a pardonné à ses enfans ; puisse leur repentir être sincère, garantir leur fidélité, et servir d'exemple aux factieux qui conserveraient le criminel espoir d'outrager le Roi, de résister à sa Majesté et de déchirer encore le sein de la Patrie !...

FIN.